Franklin et l'ordinateur

Repris d'un épisode de la série TV *Franklin* produite par Nelvana Limited,
Neurones France, s.a.r.l. et Neurones Luxembourg S.A.

Basé sur les ouvrages écrits par Paulette Bourgeois et illustrés par Brenda Clark.
Adaptation de Sharon Jennings.
Illustrations de John Lei, Alice Sinkner, Shelley Southern et Jelena Sisic.
Ce titre est repris de l'épisode TV *Franklin and the Computer* écrit par Brian Lasenby.

Franklin est une marque de Kids Can Press Ltd.

Publié pour la première fois en 2003 par Kids Can Press Ltd.,
Toronto, Ontario, Canada, sous le titre *Franklin and the Computer*.

© 2003, Context*x* Inc. pour le texte

© 2003, Brenda Clark Illustrator Inc. pour les illustrations

© 2004, Hachette Livre / Deux Coqs d'Or pour l'édition française

Tous droits réservés. Reproduction interdite, même partielle,
sous quelque forme et par quelque moyen que ce soit,
sans la permission écrite de l'éditeur.

ISBN : 2013928726

Dépôt légal n° 40713 - janvier 2004 - Édition 01

Loi n° 49-956 du 16 juillet 1949
sur les publications destinées à la jeunesse.

Imprimé chez Stige, en Italie

Franklin
et l'ordinateur

À partir des personnages créés par **Paulette Bourgeois** et **Brenda Clark**

Adaptation française de Marie-France Floury

DEUX COQS D'OR

Franklin a toujours vécu dans la même maison
et dans la même ville. Il y a grandi, heureux,
entouré de beaucoup d'amis. Il les voit chaque jour
et joue avec eux à l'école et après l'école.
Mais quand son amie Lili le castor reçoit
un nouveau jeu pour son ordinateur,
Franklin ne pense plus qu'à ce jeu et à rien d'autre.
Même pas à ses amis de toujours…

Le problème commence un jour à la sortie de l'école. Martin aimerait bien jouer dehors avec ses amis.

« Sans moi, déclare Lili. Je vais jouer au *Barrage des Marais* sur mon ordinateur.

– Sans moi, Martin, dit aussi Franklin. Je dois ranger ma chambre.

– Et pour l'entraînement de football ce soir ? demande Martin.

– J'y serai », promet Franklin.

Franklin et Lili rentrent ensemble. Lili ne cesse de parler de son nouveau jeu.

« Est-ce que je peux te regarder jouer ? lui demande Franklin. Je rangerai ma chambre plus tard.

– Seulement si tu te tiens tranquille, prévient Lili. J'ai besoin de concentration. »

Mais devant l'ordinateur de Lili, Franklin ne peut s'empêcher de se mêler de la partie :

« Attention, Lili ! Non, pas par là ! Vas-y ! Vas-y ! »

Lili lui fait les gros yeux. Finalement, Franklin lui demande s'il peut faire une partie, lui aussi.

« Pas avant que j'échappe au Monstre des Marais », répond Lili.

Mais à peine une minute plus tard, la maman de Lili l'appelle pour le dîner.

« Tu peux revenir dans la soirée, si tu veux », dit-elle à Franklin.

Franklin se rue chez lui. Il range sa chambre et engloutit son dîner à toute vitesse.

Puis il court chez Lili.

« Eh bien ! Tu es un rapide ! s'exclame Mme Castor. Nous n'avons pas encore fini.

— Ce n'est pas grave, répond Franklin. Je peux jouer pendant que Lili termine. »

Franklin commence une partie. Il ne tarde pas à atteindre le niveau II. Bientôt Lili le rejoint et s'assoit à côté de lui.

« C'est mon tour, maintenant, réclame-t-elle.

– Mais je vais bientôt arriver au Monstre, objecte Franklin.

– Comme moi, tout à l'heure ! » rétorque Lili.

Mais juste à ce moment, sa maman lui demande de l'aider à faire la vaisselle.

Franklin continue sa partie.

Le lendemain matin, Franklin s'assoit à côté de Martin dans le bus qui les conduit à l'école.

« Où étais-tu passé hier ? demande Martin. Tu as raté l'entraînement de foot.

– Oh zut ! réalise Franklin. J'ai complètement oublié. Je jouais au *Barrage des Marais* chez Lili.

– Nous avons encore un entraînement ce soir, lui rappelle Martin.

– J'y serai, dit Franklin. Ne t'inquiète pas. »

Après l'école, Franklin passe chez Lili. Celle-ci lui apprend qu'elle a dépassé le niveau III du jeu.

« Wouaoh ! s'exclame Franklin. Je peux essayer encore ?

– Plus tard, si tu veux bien, dit Lili. Allons d'abord nous baigner dans l'étang !

– Oh ! s'il te plaît, Lili, supplie Franklin. Juste quelques minutes ! »

Lili accepte. Mais une fois lancé dans le jeu, Franklin ne veut plus s'arrêter.

Lili se fâche et l'abandonne. Franklin continue sa partie jusqu'à ce que Mme Castor le mette gentiment dehors.

Dans la classe, le lendemain matin, Martin s'approche de la table de Franklin.

« Tu as encore manqué l'entraînement hier soir, lui fait-il remarquer.

— Je suis désolé, s'excuse Franklin, je jouais sur l'ordinateur de Lili et j'ai presque gagné contre le Monstre des Marais !

— Tu ne joues plus avec moi, ces jours-ci, continue Martin.

— Je jouerai avec toi, ce soir », promet Franklin.

Après dîner, Franklin se met en route vers la maison de Martin. Mais à mi-chemin, une idée lui vient :

« Je vais juste voir ce que fait Lili, se dit-il. Peut-être viendra-t-elle jouer avec nous ? »

Franklin fait demi-tour et court vers l'étang. Il frappe à la porte de Lili.

« Lili n'est pas là, répond sa maman. Mais tu peux jouer à l'ordinateur, si tu veux.

– Euh…, juste une minute, répond Franklin. Je dois rejoindre Martin. »

Lorsque Lili rentre chez elle, Franklin est toujours devant l'écran.

« Que fais-tu là ? demande-t-elle.

– J'étais venu te chercher, répond Franklin. Veux-tu venir jouer avec moi chez Martin ?

– J'ai joué avec Martin pendant des heures, grogne Lili, et on t'a cherché partout !

– Ooohh ! » s'affole Franklin.

Mais il se reprend bien vite :

« Je lui ferai des excuses demain matin, dit-il. Pour l'instant, je finis ma partie. »

Lili s'approche de son ordinateur et l'éteint sans un mot.

« Mais qu'est-ce que tu fais ? gémit Franklin.
J'allais avoir le Monstre des Marais !
— Je m'en moque, dit Lili. Comme tu te moques
d'être mon ami ou celui de Martin.
Tout ce qui t'intéresse, c'est ce jeu.

– Ce n'est pas vrai », se défend Franklin.
Il se lève et sort à grands pas.

 Le lendemain matin, Franklin a un plan en tête :
 « Je vais aller jouer avec Martin, décide-t-il.
Tout le week-end. Bien fait pour Lili, elle verra,
comme ça ! »
 Mais quand il sonne chez son ami Martin,
la maman de celui-ci lui annonce qu'il est chez Lili.
 « Il m'a parlé d'un barrage ! ajoute-t-elle.
 – Quoi ? s'exclame Franklin. Alors, ça,
c'est pas juste ! »
 Et Franklin rentre chez lui, tête basse, tout seul.

Franklin traverse le pont quand il entend des cris de plus en plus insistants :

« Franklin ! l'appelle Martin l'ourson. Viens jouer avec nous ! »

Lili et Martin pataugent dans l'étang. Ils font des allers et retours en nageant, charriant quantité de branchages.

« Nous jouons au *Barrage des Marais*, explique Lili. Mais un barrage pour de vrai ! »

Franklin éclate de rire et plonge dans l'eau.

« J'ai cru que vous étiez vraiment fâchés contre moi, dit-il.

– Un peu, c'est vrai, admet Martin.

– Nous voulions juste que tu joues avec nous, continue Lili. Et pas avec mon ordinateur. »

Franklin sourit.

« Top-là ! » dit-il.

Soudain, Franklin a une nouvelle idée.

Il saisit une branche et pousse un grognement. Puis il poursuit ses amis en tapant sur l'eau.

Franklin oublie très vite le Monstre des Marais de l'ordinateur de Lili.
C'est bien plus amusant de jouer au vrai Monstre des Marais avec ses deux vrais amis !